人間関係は距離感が９割

驚くほど人間関係がラクになる70のメッセージ

取材ライター＆起業塾主宰で
1万人の人間観察を行った　かさこ

JN123559

はじめに

本書を手にとっていただき、ありがとうございます。

人生の悩みの9割は人間関係と言われています。

ということは、人間関係の悩みを解決できれば、人生楽しくなるはずです。

しかし、実際は難易度が高いのも人間関係と言われます。

相手によっても違うし、イヤな相手もいる。仕事関係上、逆らえない立場の人もいる。感情が絡んでややこしくなることもしばしばです。しかも今や人間関係の悩みはリアルだけにとどまらず、ネット上の悩みも増えているのではないでしょうか。

でも！**1つのキーワードを意識するだけで、だいぶ悩みは軽くなる**と思うのです。

それが**「距離感」**。

すべては距離感なのです。

距離感を間違うから、トラブルになったり、悩んだり、ややこしい問題に発展したり、ケンカになったりしてしまうのです。

私は起業塾を主宰し、これまで二千名以上の受講生にアドバイスをしてきました。また、取材ライターとしていろんな人をインタビューしてきました。トータルで一万人以上になります。

人間模様を観察し、さまざまな悩み相談にものってきましたが、人間関係に悩んでいる人の多くは、距離感が間違ってしまっているのです。

逆にうまくやっている人は人と距離感が絶妙なのです。

距離感さえうまくとれれば、人間関係はうまくいくといっても過言ではありません。

人との距離感を意識すれば人間関係の悩みは必ず軽減できます。私はそのような強い思いで、本書を執筆しました。

他人との距離感はもちろん、自分自身との距離感も大切です。

どんな風に距離感をはかったら、人生うまくいきやすいのか、**5章にわけて具体的に解説しました**。

できるだけ堅苦しくならず、サクッと読めて、**すぐに使える実践的なヒントが満載です**。

プロローグ含めて70のメッセージにまとめました。一度読めば理解できるわかりやすい内容。でも実践するのは難しい。人間関係に悩んだ時のためにいつでも本書を読み返せるよう置いておいてほしい。

そう、この本は人間関係の悩みを解決する「バイブル」なのです。

本書が人間関係を良好にし、人生が楽しくなるヒントになれば幸いです。

令和5年8月　かさこ

人間関係は距離感が9割　目次

第1章　自分自身と良い距離をとろう

第2章　間違えやすい距離感

第3章　こんな人には距離をとろう

第４章　より良い距離を築くコツ

第5章　新しい世界を切り拓く

プロローグ
人との距離感を間違えるから人間関係がおかしくなる

人間関係で悩むのは人との距離感を間違うから。
必要以上に近づいて相手に踏み込みすぎるから
嫌がられる。

関係性によってその人と
どのぐらいの距離感で付き合うかを考え
お互いの良い距離感で接すれば
人間関係の悩みはグッと減るはず。

第１章
自分自身と良い距離をとろう

自分じゃない誰かを必死で演じる必要はない

人は知らず知らずのうちに
自分じゃない誰かを演じていて
結果、苦しくなってしまう。

親から期待された優等生を演じて
苦しくなって病気になってしまったり
いいママを演じようと必死になって
つぶれてしまったり。

自分じゃないキャラを

無理やりあてはめて
そのキャラを演じていると
苦しくなっちゃう。

自分は自分。
ありのままの自分のままでいい。
誰かにあてはめられたキャラを
演じていないか確認しておきたい。

いい人ぶらなくていい

ついつい、いい人ぶってしまうせいで
自分がつらくなったり苦しくなる。
イヤなことなのに
引き受けてしまったり。

いい人ぶったところで
他人から利用されるだけで
自分がどんどんつらくなるだけ。

またいい人を装えば

みんなから好かれると思って
演じたところで
打算で計算していい人を
演じていることは
簡単にバレてしまう。

いい人ぶらなくていい。
自分の気持ちに正直に。

嫉妬してもいい

嫉妬するのは悪いことじゃない。
嫉妬するのは人間として自然な感情。

ただその嫉妬のエネルギーを
マイナスに使って
人を誹謗中傷したりするのではなく
嫉妬をプラスのエネルギーにかえて
自分が努力するための原動力にすればいい。

嫉妬したら成長のチャンス。

他人をこきおろすのではなく
嫉妬した対象においつくために
努力する力にかえればいい。

人を束縛しても幸せにはなれない

親だろうと恋人だろうと
子供だろうと社員だろうと
友達だろうと
人を束縛しても
自分が幸せになることはない。
むしろ不幸になってしまう。

どんなに親しい人でも
どんなに近しい人でも
他人は他人。

自分の人生を幸せにするには
他人の人生を束縛するより尊重し
他人は他人とわりきって
自分の人生を生きること。

束縛し合う関係は
うまくいっているように見えても
いびつな関係になるだけ。

弱みを見せてもいい

弱みを見せたら負けだと思い
弱みを見せずに一人で
がんばっているうちに
つぶれてしまう。

そうなる前に弱みを見せてもいい。
誰かに助けを求めてもいい。

また弱みを見せた方が
完璧で強く見える人より

親しみがわく。
弱みを見せることも考えて
困ったら助けを求めたい。

人と比べてもいい

人と比べなくていいとは
よく言われるけれど
人間である以上
他人が気になり
他人と比べるのは仕方がないこと。

それを無理に
「人と比べなくていい」
と言ったところで
結局は人と比べてしまう。

人と比べてしまうことは
悪いわけではない。
比べてしまうなら比べればいい。
比べて、足りない部分があれば
補う努力をすればいいし
かなわないなと思うのなら
違うところで勝負すればいい。

人と比べてもいい。
比べて落ち込まずに
比べることをプラスのエネルギーに。

脇役にならなくてもいい

私なんて主役になれない。
私なんて輝けない。
私は脇役でいい。
そんな風に思う人も多いけど
ほんとは主役になりたいなら
脇役にならなくてもいい。

世界とは自分が主役の物語。
人生とは自分が主役の物語。
自分が主役でどんな物語なら

人生楽しいかを夢想し
ストーリーを自分で作ればいい。

脇役だと思えば
脇役な人生しか歩めない。
名脇役が主役の人生なら
それはそれで楽しいかもしれないけれど
自分の人生である限り
自分が物語の主役。

脇役に逃げずに
自分主役の物語を作っていきたい。

優等生を演じなくてもいい

親の期待や先生の期待から
優等生というレッテルをはられ
優等生を演じて生きて
つらくなってしまう人は意外と多い。

まじめでいい子。
勉強もできてスポーツもできて
友達も多い優等生。
一度そのレッテルをはられたら
抜け出すのが大変で

ほんとは時々遊んだり
さぼったりしたいけど自分を押し殺して
優等生を演じることがあたりまえになってしまう。
するとどうなるか。
自分の心と行動がバラバラに引き裂かれ
やがておかしくなってしまう。

ある人は優等生を演じ続けて
難病になり
ある人は優等生を演じ続けて
不良になった。
今までの我慢が爆発してしまう感じ。
優等生を演じなくてもいい。

他人の足を引っ張る時間を自分の好きなことに

他人のことばかり気になり
成功している人をみると
嫉妬心から他人の足を
引っ張ることばかり考えてしまいがち。

でもどれだけ他人の足を
引っ張ったところで
自分は一ミリも成長しない。
場合によっては返り血を浴び
他人の文句ばかり言う

信用できない烙印を
押されてしまいかねない。

他人の足を引っ張る時間があるなら
自分の好きなことに時間を。
自分が好きなことして楽しくなれば
他人のことはどうでもよくなる。

モラルで人を裁かない

日本でありがちなのは
あいまいな基準＝モラルで
人を裁くこと。

こんなことはすべきじゃないと
モラルを持ち出して
糾弾したところで
モラルの感覚は人によって違い
法律で禁止されていなければ
とがめる権利はない。

あいまいなモラルで
人を非難するのではなく
決められたルールで判断すればいい。
法律で判断すればいい。

人によって感覚の違う
空気のようなモラルで
人を裁いたり非難するのはやめよう。

目立つのは悪いことじゃない

日本では目立つことが
悪とされかねない風潮があり
人は目立たぬよう目立たぬようにと
行動しがち。

でも目立つのは悪いことではない。
むしろ目立つべきだ。

もちろん変な悪目立ちをする必要はない。
自分の積極性をアピールしたり

今までの実績をアピールしたりして
目立つことはぜんぜん悪じゃない。
どんどんいい形で
目立っていきたい。

人を蹴落とさなくてもいい

誰かを蹴落とさなくても
自分の人生を輝かせることはできる。

他人との競争は相対的なものだから
確かに人を蹴落とせば
自分が上がるように見えるけど
人を蹴落としてのしあがった過程は
すべて人から見られてしまい
人間性を疑われかねない。

誰かを蹴落とさなくてもいい。
ライバルや他人と切磋琢磨しながら
みんなで「上がる」方がいい。

期待しすぎるから裏切られたと感じるだけ

期待しなければ
裏切られたとは感じない。
誰かに過度に期待しすぎるから
勝手に裏切られたと
思い込むワナに注意したい。

一人がいいなんて強がらなくていい

ほんとは寂しいのに
ほんとは誰かと一緒にいたいのに
一人でいいなんて強がらなくていい。

恋人が欲しいなら
欲しいといえばいい。
無理に強がらなくていい。

第2章
間違えやすい距離感

第一印象で判断するから間違える

多くの人はぱっと見の
第一印象や直感で判断する。
だから判断を間違える。

ぱっと見で判断する人が多いから
質の悪い商品やサービスを売っていたり
詐欺をする人ほど
「外側」をよく見せている。

でも人はろくに中身を精査せず

ぱっと見の外見や店構えや
パンフレットやホームページで
判断するからだまされる。

ろくに調べもせず
話も聞きもせずに
第一印象だけで判断するのは要注意。

褒め殺しのなれあいをやめる

自分が批判されたくないから
相手の気になる点があっても
見て見ぬ振りして
褒め合う馴れ合いはお互いのために
まったくならない。

気になることがあったり本当はこうした方が
いいんじゃないってことがあったら
優しく正直に伝えてあげた方がいい。
でないとみんながみんな

裸の王様になってしまう。

よくもないのに「それいいね！」
なんて褒め合ったところで
後で悪口言って終わるなら
その場で優しく指摘したり
正直な感想を伝えた方が
その人のためになる。

なれあう関係じゃなく
信頼できる関係になり
なんでも褒め合うのではなく
なんでも正直に言いあえる仲に。

クレームを言うことは悪じゃない

クレームを言うことがはしたないみたいな
イメージあるけどそんなことはない。
クレームはどんどん言った方がいい。

言い方や伝え方は大事。
騒ぎ立てて相手をおとしめるようなやり方は
あくまで最終手段ではじめからしない方がいい。

でもおかしなことがあったり、へんなことがあったり
こんな風にしてくれたらよかったのにってことがあったら

はじめは相手に直接クローズドな場で指摘しよう。
真摯な相手ならクレームを貴重な意見と捉えて
すぐ改善してくれるはず。

クレームを言うことは多くの人を救うことにもなる。
多くの人がクレームも言わずに
泣き寝入りして終わってしまいがち。
でもクレームを言って改善されれば多くの人が救われる。
クレームは悪じゃない。
気づいたことがあったらはじめは優しく相手に
クローズドな場で伝えよう。
それでも相手が変わらなければ
最終手段としてオープンな場で騒ぎ立てればいい。

お世話になった人に縛られ続けなくていい

以前、お世話になったからといって
その人に一生、縛られ続けることはない。

感謝するのは大事だけれど
別に一生、ずっとその人に
縛り付けられなければ
ならないわけではない。

お世話になったことから
なんでもかんでも言うことを

聞いてしまいがち。
だけど時にはおかしなことを
言うかもしれない。
恩義があるとはいいえ
ずっと従わなくてもいい。

めちゃめちゃ信頼している人でも裏切ることはよくある話

この人は信頼しているから大丈夫
なんてことはない。

この世の中には絶大な信頼を
寄せていた人に
致命的な裏切りをされた話は
いくらでもある。

どれだけ人を信頼したとしても

あくまで他人は他人。
誰であろうと裏切られることがあるかもしれないことは考えておいた方がいい。

誰が言うかで態度を変える人もいることを考える

男性が言うと話を聞くけど
女性が言うと話を聞かないとか
年上が言うと話を聞くけど
年下が言うと話を聞かないとか
同じ内容なのに
誰が言うかで態度を変える人は多い。

自分が言った方がいいのか
誰かに言ってもらった方がいいのか

役割分担を考えて
伝えるとうまくいく。

伝わらないのは伝え方の問題

「なんでそんなこともわからないんだ！」
「何回、言えばわかるんだ！」
と怒る前にぜひ考えてほしいこと。

それはあなたの伝え方が悪いから。

そんなこともわからないのは
あなたの説明が下手だから。

何回、言ってもわからないのは

あなたの伝え方が悪い。

伝わらないのは自分自身の
伝え方の問題では？と考え直し
伝え方を変えてみよう。

そうすれば今までとは違って
伝わるはず。

怒っちゃいけないと思うからつらくなる

怒るのははしたない
みっともないみたいな
考えにとらわれ
怒りを無理に我慢しても
結局、自分の心のモヤモヤが
たまってしまうだけ。

怒ってもいい。
イヤなことがあったら
ムカつくことがあったら

遠慮なく怒ってもいい。

怒りを伝えることで
分かり合えるきっかけに
なるかもしれない。

怒りを表明することで
相手に気持ちをきちんと
伝えることができるかもしれない。

怒りは現実を変える
エネルギーになるかもしれない。

無理に怒りを我慢しなくてもいい。

わかってくれるはずだと思うからすれ違う

言わなければ伝わらないのに
だまっていてもわかってくれるはず
と思うからすれ違ってしまう。

どんなに親しい相手でも赤の他人。
どんなに長く
一緒にいた人でも赤の他人。
どんなに相手が
仕事のプロでも赤の他人。

何も言わなくても
わかってくれるはずは幻想。
しっかり希望や意見を伝えよう。

見返りを求めるから見返りを得られない

見返りを期待して行動した時ほど
見返りがない。

見返りを求めすぎるから
そのギラギラした欲望が目につき
結果、見返りが得られない。

見返りを求めて何かをしても
相手が何かを返してくれるとは限らない。

すべての物事を「利益」で考えず
純粋な気持ちで手伝いたいとか
助けたいと思う時ほど
大きな見返りがあったりもする。

見返りを考えずに行動できるのが
本当の「愛」。

すべての物事を「利益」で
考えない方が人生うまくいく。

自分を犠牲にして人のために尽くす勘違い

誰かのためになることを
するのはいいことだけど
自分を犠牲にしてまで
することではない。

困っている人を助けたい
という思いは大事だけど
自分がつぶれてしまったら
元も子もなくなってしまう。

自分を犠牲にしてまで
人に尽くす必要はない。
人に尽くすことでしか
自分の存在意義を感じられないと
やがては自分も破綻してしまう。

自分が何より最優先。

犠牲精神ではなく
自分も楽しく尽くせるのが一番いい。

年下にエラそうにしない

年下というだけで
急に横柄になる人は要注意。

年齢だけで序列を決めて
人を人として尊重することが
できない人だ。

もしあなたが年下だからといって
横柄な態度をとっていたら
あらためたい。

もしそんな人がいたら
付き合い方には気をつけたい。
年下だろうと年上だろうと
同い年だろうと人は人。
どんな人にもきちんと接すべき。

人を信じるために人を疑う

人を信じるために
その人を徹底的に疑おう。

疑って調べてみて
それでも大丈夫なら
信じればいい。

ろくに調べもせず
疑いもせずに
簡単に信じてしまうから

裏切られたとか
だまされたと騒ぐ。
それは疑わなかった自業自得。
人を信じるために人を疑いたい。

ネットで怖いのは見知らぬ人より知人

ネットで怖いのは
見知らぬ人より知人。

いやがらせしたりするのは
知人が第三者になりすまして
やっている可能性も。

見知らぬ人も怖いけど
怖いのは知人であることも
覚えておきたい。

人の好き嫌いで意見を判断するから間違う

意見は意見でしかないのに
言った人の好き嫌いで
判断するから間違う。

誰が言おうが
誰が言ったかで判断せず
言った中身で冷静に判断したい。

嫌われないようにしても好かれない

嫌われないように
ご機嫌をとったり
顔色うかがったり
こびをうったりしていると
好かれるようで
実はぜんぜん好かれることなく
ただ利用されるだけで終わってしまう。
嫌われないようにするのではなく
ありのままの自分をさらけだした方が
気の合う人に好かれるはず。

人に頼るから人から裏切られる

人に頼るのは悪いことじゃない。
でも自分では何もせず
人に一方的に依存して頼れば
そんな関係は続かず
いつかは裏切られる。

人に頼ってもいい。
でも頼りっきりではダメ。
どんなに頼っても他人は他人。

第3章
こんな人には距離をとろう

たまに優しくする人を優しいと思うからだまされる

人の錯覚する心理。
いつも優しい人より
たまに優しい人の方が
優しいと感じてしまうからだまされる。

DVパートナーとなかなか
別れられないように
外からみたらどう考えても
すぐ別れた方がいいひどい人間でも
いつもひどいのに

たまに優しい時があると
100倍優しく感じてしまう錯覚。

逆にいつも優しい人が
たまに優しくしないだけで
ひどい人間に見えてしまう。

こうした錯覚で人の判断を誤ると
大変なことになる。
たまに優しい人を優しいと感じる
錯覚にだまされないように。

ポジティブバカに気をつけろ

ネガティブ思考はすべて
悪いと決めつけて
無理矢理にでも
ポジティブになることが
いいことだと勧める人がいるけど
それだとつらくなる。

ネガティブな気持ちを持っているのに
無理やり抑え込んで
ポジティブなふりをしたところで

本音と建前が違うので
かえって余計に悩みは深くなるだけ。

ネガティブが悪いわけではない。
人間誰しもネガティブな思考も
持ち合わせている。

ポジティブバカにならず
ネガティブな気持ちも素直に認めて
その上でできるだけ
ポジティブな方向に
変えていければそれでいい。

他人の陰口を言う人とつきあわない

本人がいないところで
その人の悪口を言う人とは
できるだけ距離をとろう。

もしそうした場にでくわしたら
聞き流すだけで
自分は悪口言うのはやめた方がいい。

陰口は卑怯な手段。

陰口を言う人はあなたの陰口も
あなたのいないところで
言っている可能性もある。

陰口を言えば
陰口を言われるようになる。

だから陰口を言う人にはつきあわない。
自ら陰口を言わないように。

いいことしか言わない人は要注意

いいことしか言わない人は要注意。
なぜなら悪いことを隠しているから。

物事には必ず
いい面もあれば悪い面もある。
どんな商品やサービスにも
いい面もあれば悪い面もある。

誠実な人ならいい面だけでなく

デメリットも説明するはず。
でもいいことしか言わない人は
だまそうとしている。
この世の中にうまい話はない。
いいことしか言わない人には
くれぐれも注意を。

束縛してくる人から離れよう

束縛する人にろくな人はいない。

あれもするなこれもするなと
行動を制限し
日々の行動をチェックするような
人とは今すぐ離れた方がいい。

ろくな人生にならない。

お金の約束を守らない人は
つきあうのをやめなさい

お金の約束とは信用そのもの。

その約束を平気で破る人間は
どんな約束も必ず破り
仕事もきちんとしない人間。

お金の約束を守らない人と
つきあうのをやめれば
トラブルは激減するはず。

遅刻する人とは付き合うな

やむを得ない事情で
遅刻する人ではなく
たいした事情もないのに
度々遅刻する人は
付き合わない方がいい。

時間にルーズな人は
あらゆる約束もルーズ。
遅刻魔とは付き合うな。

悪意がある人より悪意がない人に気をつけろ

悪意がある人は
目的を持って悪いことをするから
悪意を見破りやすい。
しかし悪意がなくて
悪いことをする人は
目的もなく
ただ自然に悪いことをして
しかも自分は悪いと思って
やっていないのでたちがわるい。
悪意がある人より悪意がない人に注意を。

やったことのない人の批判は無視すればいい

聞く必要のない批判は
やったことのない人の批判。
やってもいないのに
「それはやめた方がいい」とか
「お金や時間の無駄だ」なんて
やったことないのだからわからない。

やったことがある人の批判なら
話を聞いた方がいいけど
やったことのない人の批判は無視していい。

第4章
より良い距離を築くコツ

好きなことを発信すれば
価値観の合う人が集まってくる

自分と気の合う仲間を見つけたいなら
自分の好きなことを
ネットやリアルで発信し続けること。

好きなことを発信すれば
それを好きな人が集まってきて
自然に自分の周りには
自分と価値観の合う人が増え
快適な環境になっていく。

自分の周囲に価値観の合う人や
同じ趣味の人がいないなら
ネットやリアルでどんどん
好きなことを発信しよう。

会いたい人には早めに会っておこう

いつか会いたいなんて思っていても
その人はある日突然
亡くなってしまうかもしれない。

会いたい人にはできるだけ早く
会うようにしたい。

いつまで生きているか
わからないから。

仲間がいれば喜びも倍に

一人で何かを成し遂げるのも
楽しいけれど
仲間がいれば喜びも倍に。

一人じゃできないこと。
仲間と組んでしかできないことを
みんなでがんばってやり遂げれば
喜びも倍増するはず。

浅いつながりを切らない

深い関係、親しい関係ほど
いざという時
裏切ったり
頼りにならなかったり
いがみあったりしがち。

むしろ浅い人間関係の方が
変な感情がないので
困った時に助けてくれたりもする。
狭く深い関係だけでなく

リアルでもネットでも
浅い関係を切らずに大切に。

同業界以外の人との交流を

社会人になると
交流するのは同業界の人とばかり。

結果、狭い思考回路に陥り
一般人の感覚を忘れ
業界の論理をふりまわし
社会に受け入れられない
サービスや商品ばかりを
量産してしまいかねない。

何よりも自分自身の枠が狭まってしまう。
意識して自分の業界とはまるで違う
異業種との交流を。

人の良いところを探してみる

どうしても人は他人の粗探しをしたり
欠点ばかりに目が向き
不満がたまってしまいがち。

でも相手の悪いところじゃなく
良いところをみれば
悪いところがあっても
気持ちよくつきあえるかも。

相手にいいところを

言葉で伝えてほめてあげたい。

レスの早さが信用のバロメーター

忙しい人ほどレスが早く
忙しくない人ほどレスが遅い。

レスが早い人は仕事ができ
信頼されるから
また仕事の依頼が増え
忙しくなる。

レスが遅い人は仕事ができず
信頼されないから仕事が減り

忙しくないのにレスが遅いから
余計に仕事を頼む人がいなくなる。
レスの早さを意識したい。

陰で応援するより表で応援

応援するなら陰でなく
表で応援しよう。

陰で応援していても
その人には伝わらない。

陰で応援していても
その人の良さは
周囲に伝わらない。

陰で応援していたら
その人は応援されていないと思って
つぶれてしまうかもしれない。

応援するなら陰じゃなく表で。

それが本当の応援。

マウンティングするより下手をとる

自分の優位にみせようと
相手の立場を下に下げて
自分はえらそうに振る舞い
相手より上にみせる
マウンティングする人多いけど
マウンティングすれば反感買うだけ。

むしろマウンティングじゃなく
下手に出る。

相手よりも自分の立場を下におく。

うまくやらないと
逆にイヤミになったり
相手が勘違いして上だと思って
えらそうになる可能性もあるけど
マウンティングして上をとるより
できるだけ相手の下をとった方が
いろんな物事を有利に
スムーズにすすめることができるはず。

「いいねがいっぱい欲しい！」って正直に言っちゃいなよ

「私はいいねをいっぱい
欲しいわけじゃない」とか
強がってないで
正直に「いいねがいっぱい欲しい！」
って言っちゃった方がいい。

その方がいいねしてくれる人も増え
自分も幸せな気分になれる。

物足りないから達観を装い
そんなものいらないとかいっても
「それ本音じゃないよね」って
バレバレだから
ならば素直に自分の気持ちを
伝えた方が望むものは手に入るはず。

承認欲求は悪じゃない

承認欲求を持つのは
悪いことではない。

誰にだって人から承認されたい、
評価されたい欲求はある。

ただそれだけに振り回されて
自分を見失ってしまうのがまずい。

人から認められたい欲求を

うまくエネルギーにして
自分も満たして他人も満たす
地点を探すことができれば
楽しい人生になるはず。

誰にもかっこつける必要ない

人の視線を意識しすぎて
かっこつけすぎてしまうから
かえって人生がうまくいかない。

無理に背伸びして
かっこつける必要はない。
見栄をはる必要はない。

等身大の自分を見せて
そんな自分を受け入れてくれる人を

探した方が人生うまくいく。
無理にかっこつけすぎると
かえって不自然にみえてしまう。

遠慮しないで早めに相談

我慢して我慢して
一人でがんばり続けて
どうしようもなくなった段階で
相談してももはや手遅れ。

そうなる前に早めに誰かに相談を。

早いうちに誰かに相談すれば
問題が大きくなる前に
解決できる。

一人で考えるのも大事だけど
誰かに早めに相談するのも大事。
手遅れになる前に早めに相談を。

伝言ゲームを減らす

何かを伝えるのに
間に人が増えれば増えるほど
情報は間違って伝わる。

できるだけ伝言ゲームは減らし
直接本人に伝えた方がいい。

他人の力をうまく使う

自分一人で抱え込まず
他人の力をうまく使う意識を。
他人の力をうまく使えれば
いろんなことを同時にできる。

苦手なことはしなくていい。
自分しかできないことに集中できる。
なんでもすべて自分でしようとせず
人の力をうまく借りる意識を
常に持っておきたい。

素直にあやまればいい

間違ったことをしたら
ミスをしたら
素直にあやまればいい。

誰にだって間違いやミスはある。
その時、素直に認めて
ごめんなさいとあやまればいい。

あやまることは負けじゃない。

困った時こそ助け合い

困った時こそ助け合い。
助け合えば状況は
ぐっと良くなるはず。

いろんな危機が訪れても
いがみあうことなく
自分さえ良ければそれでいい
という意識を捨てて
お互い様の気持ちで
助け合いをしたい。

人に優しい気持ちで接してみる

気づけば人にピリピリ接したり
厳しく接したりしていないだろうか？
たまには優しい気持ちで
人に接してみるとよいかもよ。

第5章
新しい世界を切り拓く

今までの縁を断ち切って新しい世界へ

今までの縁＝人間関係に
縛られ続ける必要はない。

もしイヤなら
今までの縁を断ち切ればいい。

そしたら新しい縁が入ってくる。

人間関係は不思議と
「キャパ」が決まっていて

定期的に人間関係を見直し
人間関係の「入れ替え」をしていかないと
イヤな人がそのキャパを奪い
良い縁が入ってこなくなってしまう。

だからイヤな縁は
なるべく早く断ち切れば
新しい出会い、良い縁があるはず。

いつもしゃべっている人以外の人としゃべってみる

どこにいっても
いつも同じ人とばかり
しゃべっているのはラクだけど
広がりがない。

たまにはいつもしゃべってない人に
話しかけてみれば
もしかしたらそれがきっかけで
一生の友達になるかもしれないし

すごく仲良しになれるかもしれないし
ものすごい良い情報を
教えてくれるかもしれない。
いつもの人とばかりしゃべらず
しゃべらない人としゃべる意識を。

ひとつのコミュニティに固執するから息苦しくなる

所属するコミュニティがひとつだから
息苦しくなる。

地域コミュニティでもそう。
会社コミュニティでもそう。
ママ友コミュニティでもそう。
オンラインサロンでもそう。

複数のコミュニティに所属すれば

息苦しさも薄れ
それぞれのコミュニティの
良さやおかしさも
クリアに見えてくるはず。

コミュニティはひとつだけでなく
複数のコミュニティに。

断られたら恥ずかしいという自意識過剰からの脱却

断られるのをこわがって行動しないと
何も起きないし、何も成就しない。

したいことがあるなら
ダメ元で聞いてみればいい。
お願いしてみればいい。

アプローチしてみればいい。
声をかけてみればいい。

断られたら恥ずかしいと思うのは
自分はすごいと思い込んでいる
自意識過剰。

自意識過剰なプライドの高さが
邪魔をして結局何もできない。

断られてあたりまえ。

本気でしたいことなら何度もアプローチすればいい。

100回断られても101回目で受け入れて
くれるかもしれない。

100人に断れても101人目で受け入れて
くれるかもしれない。

恥ずかしいのは断られることではなく
断られるのが恥ずかしいと考え
何もしないこと。

そんな自意識過剰からの脱却を。

○○といえば○○さん！をめざせ

アクセサリーのことなら○○さん！とか
プロフィール撮影なら○○さん！とか
映画のことなら○○さん！
といったように
何かのジャンルですぐに
自分を思い出して
もらえるようになるのを目指すといい。

そうなったら
多くの仕事が舞い込んでくる。

たった一人の要望をきけば
100人のお客さんが待っている

こんな商品つくってほしい。
こんなサービスつくってほしい。

ここを改善してくれたら
もっと良くなるのに。

たった一人の要望を
「たかが一人」と考えず
貴重な意見として取り入れれば

その先に100人のお客さんが
待っているかもしれない。

たった一人の要望は
物言わぬ100人の要望の可能性も。

少数意見と切り捨てず
たった一人の要望に耳を傾けたい。

イヤなつきあいは断ればいい

つきあいだから仕方がない
なんて言い訳でしかない。
イヤなつきあいなら断ればいい。

つきあいを断ったら
仕事がなくなるなら
その程度の実力しか
なかったということ。
というより、つきあいで
仕事を決めるような人間は

平気でつきあいの良い人に
乗り換えていくだけ。

人間関係のつきあいも
仕方がないからといって
断らずにいたらきりがない。

イヤなつきあいはしっかり断る。
断る人間だと思われれば
そのうち誘いもされず
どうせ断る人だから
まあ仕方がないと
相手もあきらめてくれるはず。

思わぬ人が助けてくれる

困った時に助けてくれるのは
親しい人ではなく
それほど親しくない人だったりもする。
予想もしない人が手を差し伸べてくれたりもする。

助けて、困ったと声をあげれば
思わぬ人が助けてくれるかもしれない。

だからこそ普段の付き合いの
深さに関係なくつながっている人は大切に。

つらく悲しいことがあったとしても
一人の出会いが世界を変える

生きていれば、つらいことや
苦しいこともある。

でもたった一人の出会いで
どんなにつらく
苦しいことがあっても
乗り越えることができるはず。

別れの分だけ出会いがある

毎年、年度末の３月になると
別れの季節がやってくる。

卒業、進学、就職、
異動、転勤などなど
何かと別れが多い時期。

でも別れがあるから
新しい出会いがある。

別れはつらいけれど
つながる人とはまたどこかで
きっとつながるはず。

別れた後につながらなかったとしても
それはそれ。

きっと４月からまた
新しい良い出会いがあるはず。

縁が切れてもまたどこかで
つながるかもしれない

縁が切れたら
それで終わりの人もいれば
またつながる人もいる。

生きていたらまたどこかで
縁がつながるかもしれない。

だから一人ひとりを大切に。

あとがき

本書を最後までお読みいただき、ありがとうございました。

みなさま、本書の内容はいかがでしたでしょうか？1つでも2つでも何か参考になる内容があったらうれしく思います。

その上でぜひ距離感を意識して、日々の生活で取り入れられるものは実践してみてください。

もしかしたら、劇的に人間関係の悩みが減るかもしれません。

即効性があるかどうかはわかりませんが、本書の内容を踏まえた上で、意識を少し変えるだけで、随分とラクになるのではと思います。

今後、日本も世界も、これまでにはなかったようなとんでもない出来事が頻発する恐れがあります。

たとえば直近では、新型コロナウイルスのせいで3年間も今まで通りの生活を送れないという危機に直面しました。

感染症のみならず、戦争や紛争やテロ。大地震や火山噴火、猛暑、台風、大雨、竜巻などの自然災害。金融危機や経済危機。

さらには突拍子もないかもしれませんが、宇宙人のような未知なる生物との問題なども起きるかもしれません。

不確実性が高まり、めったに起きないトンデモ事変が起きる世の中になるかもしれません。

しかし、どんな時代や環境にあっても、人との距離感さえうまくとっていければ、さまざまな危機を乗り越えていくことができるのではないかと思います。

逆にどれだけ豊かで恵まれた時代や環境であっても、人との距離感を間違ってしまうと、毎日がつらい日々に変わってしまいます。

ぜひ本書で書かれたことを参考に、今後どんな時代や環境になろうとも、いろんな人との距離感をいい具合にとっていくことで、楽しい人生の一助になれば幸いです。

本書を読んだ感想などありましたら、ぜひネットやレビューの投稿をしていただければ、うれしく思います。

また本書を読んで「自分もこんなことあった！」とか「これ実践したらすごく生きやすくなった！」といったことなどもありましたら、ぜひネットに投稿してみてください。

本書をきっかけにぜひ各種ＳＮＳでつながっていただければ幸いです。

このつながりがいつかすごいご縁になるかもしれません！

本書をきっかけに新しい人間関係を。

令和5年8月1日　かさこ

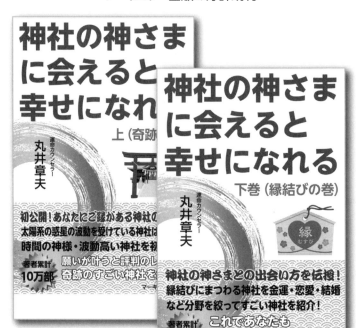

マーキュリー出版の好評既刊

世界初となる隕石コーティングの書籍です。隕石を粉々にしてコーティング剤に混ぜて、あなたのスマホに塗るだけで幸せがやってくる！最も新しくてすごい評判の開運法の本が出ます！ 隕石は太古から「願いを叶える不思議な石」と呼ばれてきました。実は・・・隕石を持つと、良い事ばかり起こるようになるんです！ そして「隕石コーティング」という、スマホ・ノートPC・財布・印鑑などの表面に目に見えない程に粉々にした隕石を塗る方法が、最も隕石の強運パワーを引き出すことが分かったのです！

【著者紹介】

かさこ　連絡先　kasakotaka@hotmail.com

1975年生まれ。横浜在住。埼玉県立川越高校、中央大学法学部卒業後、就職氷河期のため希望の就職ができず、1997年から大手サラ金入社。総額10億円以上を融資するトップセールスに。1999年に「深夜特急」に憧れ、サラ金退職し、アジア4ヶ月放浪。好きを仕事にすべくマスコミ業界に転身。2000年〜2012年まで編集プロダクション3社に勤め、編集、ライター、カメラマンとして仕事をするかたわら2000年からホームページの毎日更新を続け、会社員をしながら20冊の本を出版するなどパラレルキャリアを実践。編プロの社長とケンカし2012年よりフリーランスに。2014年よりネット発信術やブランディングを教える好きを仕事にする大人塾かさこ塾を開講。リアルかさこ塾は98期生2045名受講。2022年よりいつでも好きな時に受講できる動画視聴のオンラインかさこ塾開始。また2019年よりKindle出版を本格化。これまで300冊以上出版。Kindleアドバイスなども行っている。

ブログ　https://ameblo.jp/kasakot
ツイッター（X）　https://twitter.com/kasakoworld
フェイスブック　https://www.facebook.com/kasakotaka
インスタ　https://www.instagram.com/kasakoworld/
スレッズ　https://www.threads.net/@kasakoworld
YouTube　https://www.youtube.com/kasakotaka

人間関係は距離感が９割
驚くほど人間関係がラクになる70のメッセージ

2023年 8月30日　第１刷発行

著 者　かさこ
発 行　マーキュリー出版
名古屋市中村区竹橋町28-5　シーズンコート名駅西603
TEL　052-715-8520　FAX　052-308-3250
https://mercurybooks.jp/
印 刷　モリモト印刷

ISBN 978-4-9913254-0-3